MINISTÈRE DU COMMERCE, DE L'INDUSTRIE
DES POSTES ET DES TÉLÉGRAPHES

EXPOSITION UNIVERSELLE INTERNATIONALE DE 1900

DIRECTION GÉNÉRALE DE L'EXPLOITATION

CONGRÈS INTERNATIONAL

DE DROIT MARITIME

TENU À PARIS DU 1ᵉʳ AU 3 OCTOBRE 1900

COMPTE RENDU SOMMAIRE

PAR

M. GEORGES MARAIS

AVOCAT À LA COUR D'APPEL DE PARIS, DOCTEUR EN DROIT.

PARIS

IMPRIMERIE NATIONALE

M CMI

EXPOSITION UNIVERSELLE INTERNATIONALE DE 1900

CONGRÈS INTERNATIONAL
DE DROIT MARITIME

TENU À PARIS DU 1ᵉʳ AU 3 OCTOBRE 1900

COMPTE RENDU SOMMAIRE

PAR

M. GEORGES MARAIS

AVOCAT À LA COUR D'APPEL DE PARIS, DOCTEUR EN DROIT.

PARIS

IMPRIMERIE NATIONALE

M CMI

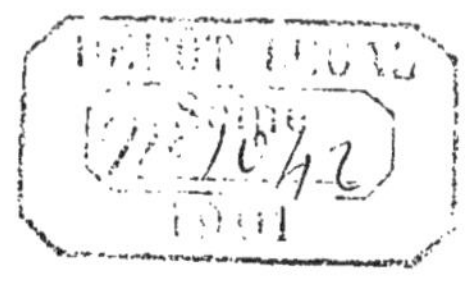

DE DROIT MARITIME

COMMISSION D'ORGANISATION.

BUREAU.

PRESIDENT.

M. MARAIS, avocat à la Cour d'appel de Rouen, président de l'Association française de Droit maritime.

VICE-PRÉSIDENT.

M. DE VALROGER, avocat à la Cour de cassation, Paris.

SECRÉTAIRE GÉNÉRAL.

M. F. C. AUTRAN, avocat à Marseille.

SECRÉTAIRES GÉNÉRAUX ADJOINTS.

MM. GOVARE, avocat à la Cour d'appel de Paris.
DE GRANDMAISON, avocat au Havre.
VERNEAUX, docteur en droit.

MEMBRES.

MM. CLUNET (Édouard), avocat à la Cour d'appel de Paris.
FRANCK (Louis), avocat à Anvers, secrétaire général du Comité maritime international.
LYON-CAEN, membre de l'Institut, professeur à la Faculté de Paris.
MONTIER, directeur général de la Foncière-Transports.
MUSNIER, administrateur des Messageries maritimes, à Paris, membres du comité.

[1] Ce Congrès continue les Conférences qui ont été tenues par le *Comité maritime international*, à Bruxelles en 1897, à Anvers en 1898 et à Londres en 1899.

PROGRAMME[1].

1° Communication sur les résultats de la Conférence de Londres de 1899 (responsabilité des propriétaires de navires);

2° Étude d'un projet de loi sur la question de l'Assistance maritime (sauvetage et assistance proprement dite).

DÉLÉGUÉS OFFICIELS.

Autriche.

M. le baron DE KOLLER.

Belgique.

M. SEGERS, avocat, membre de la Chambre des représentants.

Hongrie.

M. DE BIRO, conseiller de division au Ministère du commerce de Budapesth.

Italie.

MM. COGLIOLO, professeur à l'Université de Gênes.
le chevalier PESCE, ingénieur du Ministère de la marine italienne.

Principauté de Monaco.

M. le baron DE ROLLAND, président du Tribunal supérieur.

Japon.

M. ISHIVATARI, secrétaire du Ministère des communications.

Norvège.

M. CHRISTOPHERSEN, consul général, commissaire général, président de la Commission de la navigation.

[1] Le programme préparé par l'*Association française de Droit maritime* a été adopté par le *Comité maritime international*.

Russie.

MM. Raffalovitch et de Wouytch, conseillers d'État.

France.

Ministère des affaires étrangères.

M. de Cazotte, consul général, sous-directeur des Affaires consulaires.

Ministère de la marine.

MM. Frogier, inspecteur général du Commissariat,

Fuzier, commissaire en chef au Ministère de la marine.

Wilhelm, chef de service du Contentieux, professeur à l'École supérieure de la marine et à l'École des sciences politiques.

Le Clézio, commissaire principal attaché à l'État-Major général.

Jeau, lieutenant de vaisseau.

COMPTE RENDU SOMMAIRE[1].

SÉANCE DU 1ᵉʳ OCTOBRE

(MATIN).

La première séance a été ouverte à 10 heures du matin, au Palais des Congrès, sous la présidence de M. MILLERAND, Ministre du Commerce.

M. LYON-CAEN, président intérimaire de la Commission d'organisation, a, le premier, dans une allocation applaudie, résumé les origines de la réunion, indiqué les questions que le Congrès actuel aurait à résoudre et montré leur importance au point de vue maritime.

M. MILLERAND, Ministre du Commerce, a pris ensuite la parole; après avoir encouragé dans leur tâche les jurisconsultes et les spécialistes en matière maritime qui faisaient partie du Congrès, il a particulièrement insisté sur l'espoir qu'il avait de les voir proclamer le principe de l'assistance obligatoire vis-à-vis de tout navire en détresse. En terminant, il a assuré le Congrès de l'intérêt que les Gouvernements prenaient à ses travaux et a promis d'essayer de faire prévaloir devant le Parlement français les résolutions qui seraient adoptées.

Puis il a été procédé à la formation du bureau du Congrès.

Le Comité d'organisation, présidé par M. Lyon-Caen, à la place de M. O. Marais, empêché par une indisposition subite, a été maintenu dans ses fonctions. Des membres étrangers lui ont été adjoints, et le bureau s'est trouvé formé de la manière suivante :

Président : M. LYON-CAEN.

Vice-présidents : Lord ALVERSTONE, MM. ASCOLI, BENEDICT, DE GUNTHER, HINDENBURG, LE JEUNE, RAHUSEN, SIEVEKING.

Secrétaires généraux : MM. AUTRAN, FRANCK.

Secrétaires généraux adjoints : MM. GOVARE, POPLIMONT, A. SIEVEKING, VERNEAUX.

Avant d'aborder l'étude du programme, M. LE PRÉSIDENT a annoncé la mort de M. Ferdinand Laeiz, armateur à Hambourg, membre du Comité maritime international. Le Congrès s'est associé aux regrets manifetés par son président et a chargé le bureau d'adresser à la famille de M. Laeiz l'expression de ses sentiments de sympathie.

M. FRANCK (Belgique) a alors rendu compte des efforts faits en Angleterre à la suite du vote de la Conférence de Londres. On avait discuté à ce Congrès,

---

[1] Extrait de la *Revue internationale du Droit maritime.*

il n'est pas inutile de le rappeler, la question de *la responsabilité des propriétaires de navires et du mode suivant lequel ces propriétaires se libéreraient des engagements, contrats, quasi-contrats, délits ou quasi-délits de leurs capitaines, au cours et à l'occasion de la navigation.*

On sait que la question est diversement résolue par les différentes législations maritimes du globe. D'après le système anglais, l'armateur est obligé envers les tiers à raison des délits ou quasi-délits du capitaine jusqu'à concurrence de £ 8 ou £ 15 de tonneau de jauge, selon les cas (pertes ou avaries aux choses, accidents de personnes). Le système dit *continental*, adopté d'ailleurs par les autres nations du monde, autorise l'armateur à se libérer par l'abandon du navire et du fret, quels que soient la valeur et l'état de cette double propriété, de la responsabilité des faits ou engagements du capitaine ou des gens de l'équipage [1].

Le but poursuivi à la Conférence de Londres de 1899 consistait à rechercher s'il était possible d'éviter les inconvénients multiples que présentait une telle diversité de législation et d'arriver à l'unification de la loi de libération maritime. La Conférence, après une discussion longue et approfondie, avait émis cette résolution :

« La Conférence recommande comme loi universelle maritime la règle suivante applicable à tous dommages matériels occasionnés par les navires, soit à des choses flottantes, soit à des objets fixes ou terrestres :

« Le propriétaire du navire aura le choix de se décharger de toute responsabilité, soit par l'abandon du navire et du fret, soit par le payement d'une somme d'argent calculée d'après le tonnage du navire.

« La question de réclamation pour perte de vie ou action corporelle est réservée. »

M. Louis Franck indiqua, dans ses observations, que le *Board of Trade*, saisi de la motion, déclara s'en désintéresser et laisser à l'initiative individuelle le soin de porter la question devant le Parlement. En conséquence, le 21 mars, M. Mac Arthur, membre de la Conférence, déposa un projet de loi aux termes duquel une distinction était établie : pour les abordages entre navires anglais, le projet de loi maintenait la loi anglaise, et, pour les abordages entre navires anglais et étrangers, il appliquait, au contraire, la résolution votée à Londres.

Mais, au nom du Gouvernement, lord Alverstone, alors Attorney général, déclara qu'il ne lui était pas possible d'accepter la proposition de M. Mac Arthur telle qu'elle était formulée et, tout en exprimant sa vive sympathie pour l'œuvre de l'unification du droit maritime, il affirma qu'il importait de ne pas faire de distinction entre le traitement du demandeur étranger et du

---

[1] En réalité, le système continental se divise lui-même en deux systèmes qu'on appelle, l'un le système français, l'autre le système allemand-scandinave. Le premier repose sur cette idée que l'obligation de l'armateur dérive d'une obligation personnelle tirée dn mandat donné au capitaine (art. 1384 C. c.); le second est basé sur cette théorie que l'obligation de l'armateur n'est pas personnelle, mais trouve son application et sa limite dans la valeur du navire et du fret, objets maritimes seuls offerts à la garantie des tiers. Le système allemand a ainsi un caractère de réalité que ne présente pas le système français; mais, comme on le voit, le résultat pratique des deux systèmes est le même, puisque, en aucun cas, l'armateur ne peut être tenu sur sa fortune terrestre.

demandeur anglais. Il ajouta que cette différence de traitement était de nature
à soulever des difficultés diplomatiques. En présence de ces objections,
M. Mac Arthur retira cette partie de son projet de loi.

M. Louis Franck exposa qu'il avait soumis aux différentes associations de
droit maritime le projet de loi de M. Mac Arthur, ainsi que les observations
de lord Alverstone, et que l'ensemble des réponses démontrait que le projet
Mac Arthur, malgré la distinction qu'il établissait, aurait néanmoins constitué
un progrès considérable, puisque le plaideur étranger en Angleterre aurait
été traité conformément à sa loi nationale.

SÉANCE DU 1ᵉʳ OCTOBRE

(APRÈS-MIDI).

La discussion s'est ouverte sur la communication de M. Louis Franck.

M. HINDENBURG (Danemark) a justifié, dans son ensemble, la résolution
adoptée à Londres et a montré qu'il n'était que juste de permettre à l'armateur, innocent des fautes d'un capitaine qu'il n'a pas pu surveiller, de se
libérer envers les tiers, à son option, soit par l'abandon de l'objet mis en
risque, soit en payant une somme déterminée à tant du tonnage.

Sir John GLOVER (Angleterre) a dit qu'il avait été un des partisans du
projet Mac Arthur et qu'il ne comprenait pas facilement qu'on ne se fût pas
rallié à un système qui, en définitive, assurait aux Anglais, comme aux
peuples continentaux, le bénéfice de leurs législations respectives; en terminant, il a exprimé l'espoir que le Gouvernement anglais voudrait bien se
prêter à une modification de législation en ce sens, « car, a-t-il dit, on ne
peut véritablement espérer que le monde entier changera sa loi pour se rap-
procher de la loi anglaise : il faut donc que ce soit l'Angleterre qui modifie la
sienne ».

Lord ALVERSTONE intervint dans le débat; il expliqua que le Parlement avait
voté la limitation de la responsabilité pour des dommages faits à des digues,
quais ou autres ouvrages d'art; mais que la partie de la proposition relative
aux tiers n'était pas de nature à être acceptée, parce qu'elle dérogeait à la
règle de la responsabilité du commettant vis-à-vis de son préposé et que le
principe de droit devait être uniforme pour toutes les nationalités; « car, a-t-il
dit, il ne faut pas qu'il varie d'après le sort du navire qui est coupable. » Il
a ajouté que le système de tant par tonneau de jauge était de nature à donner
une base fixe à la matière des assurances; qu'enfin il n'était pas admissible
« que l'homme qui aurait payé si son navire avait survécu ne paye rien si son
navire est au fond de l'eau ». Lord Alverstone est donc partisan d'une loi
internationale uniforme fixant un chiffre déterminé par tonneau de jauge.

M. Douglas OWEN (Angleterre) dit qu'il était d'accord avec lord Alverstone et montra que la question, dans la pratique, se ramenait à savoir qui payerait la prime des risques, le navire ou la cargaison.

Confirmant une très juste observation, faite à ce moment du débat, par M. le président Lyon-Caen, M. Edmond Picard (Belgique) constata avec un étonnement non déguisé que la discussion en cours était, en réalité, une sorte de revision de la proposition adoptée au Congrès de Londres. « A mon avis, dit-il, il faut tout d'abord mettre de côté les questions d'assurances et d'intérêt matériel pour se préoccuper uniquement des questions de principe. »

Or l'orateur ne s'explique pas que M. Mac Arthur, membre de la Conférence de Londres, ait proposé au Parlement un *bill* comportant des résolutions différentes de celles votées par le Congrès. Il est inadmissible que les membres de ces Congrès n'acceptent pas purement et simplement les résolutions adoptées quand ils en font la base d'un projet de loi, sans quoi l'unification du droit maritime n'est qu'un rêve. « Les résolutions que nous devons prendre doivent être des résolutions convenant à tout le monde et non pas à un seul pays, quelque grande idée qu'il puisse avoir de la valeur de ce droit. »

M. Sieveking (Allemagne) ne regrette pas que la Conférence soit un peu sortie de son ordre du jour, à raison de l'importance des questions engagées dans le débat actuel. Il constate que le monde entier repousse le système anglais, alors qu'au contraire il est satisfait du système continental.

Le système anglais a, du reste, lui-même varié. Il n'a donc pas de valeur historique; il n'a qu'une valeur politique. Or le fait que la généralité des nations, moins une, se prononce en faveur du système continental laisse espérer à l'orateur que la nation anglaise finira par se rallier purement et simplement à ce système.

M. Verneaux justifie en quelques mots la résolution adoptée à Londres.

M. Benedict (États-Unis) s'exprime dans le même sens que M. Sieveking.

La discussion étant épuisée, M. le Président donne lecture des questions qui sont posées :

Quels sont les cas auxquels doit s'appliquer la limitation de la responsabilité des propriétaires de navires ?

1° *Cette limitation doit-elle s'étendre aux dommages causés aux digues, quais et autres objets quelconques?*

2° *Au cas où le capitaine n'exécute pas les engagements pris par le propriétaire de navires?*

3° *Aux gages du capitaine et de l'équipage?*

M. Verneaux développe les idées juridiques qu'il a traitées dans un travail paru dans le *J. de droit international privé* (vol. XXVII). Il demande que le système de l'option, posé à Londres, soit formulé conformément aux termes de la législation allemande sur la matière, sauf à y ajouter le droit d'option consacré par la Conférence de Londres. Il admet d'ailleurs que la limitation doive s'étendre aux dommages causés aux digues, quais et autres objets.

Sur la question des engagements des capitaines, il pense que l'armateur ne devrait pas être responsables des infractions commises par le capitaine aux obligations mises expressément par la loi à sa charge (Code allemand conforme), et, lorsqu'il s'agit de l'exécution du contrat de transport maritime, en tant que son représentant, il n'admet pas que le capitaine engage l'armateur en dehors de la limite fixée par le législateur. En ce qui concerne les gages et salaires, la responsabilité de l'armateur doit être absolue.

Le Congrès adopte à l'unanimité la première résolution suivante :

La limitation de la responsabilité des propriétaires de navires doit s'étendre aux dommages causés aux digues, quais et autres objets quelconques.

MM. Martin (Allemagne) et Le Jeune (Belgique) présentent des observations tendant à faire décider qu'il y a lieu de laisser à chaque nation le soin de résoudre la question de savoir si « la limitation de la responsabilité doit s'étendre aux cas où le capitaine n'exécute pas les engagements pris par le propriétaire du navire ».

M. Benedict (États-Unis) pense, au contraire, qu'il conviendrait d'adopter la loi américaine ainsi conçue :

« La limitation de la responsabilité doit couvrir : 1° les fautes et délits maritimes se produisant sans la complicité ou la connaissance du propriétaire du navire; 2° les contrats maritimes qui doivent être exécutés par le capitaine ou l'équipage ou qui sont conclus par le capitaine en sa capacité légale. »

M. Louis Franck (Belgique), de son côté, estime qu'en présence des solutions divergentes adoptées par la jurisprudence des différentes nations il est nécessaire que le Congrès résolve la question de la responsabilité de l'armateur, soit que cette responsabilité naisse à propos de délits ou de quasi-délits, soit qu'elle dérive de la violation, par le capitaine, des engagements pris par l'armateur, à propos du contrat proprement dit de transport. Il préconise, à cet égard, les solutions de la loi allemande, basées sur cette observation que l'armateur, ne pouvant jamais surveiller le capitaine, doit être exonéré dans tous les cas (sauf la question de responsabilité limitée), qu'il s'agisse d'une catégorie de contravention ou d'une autre.

Voici, d'ailleurs, le texte de la loi allemande :

« Le principe de responsabilité doit s'appliquer aux contrats conclus, même par le propriétaire du navire, dès que leur exécution rentre dans les fonctions légales du capitaine, sans qu'il y ait lieu de distinguer si la violation de ces contrats est due à une personne de l'équipage ou non, le cas de faute personnelle du propriétaire seul excepté. »

M. Govare (France) se rallie entièrement aux opinions formulées par M. Louis Franck.

M. le Président met aux voix la question préalable de savoir si la question sera résolue. Six nations contre cinq se prononcent pour l'affirmative; la Conférence adopte ensuite à l'unanimité la rédaction du Code allemand ci-dessus transcrite.

Sur la question de responsabilité personnelle du propriétaire de navire relativement aux gages et salaires de l'équipage, la Conférence se prononce à l'unanimité sans discussion pour l'affirmative.

SÉANCES DU 2 OCTOBRE

(MATIN ET SOIR).

Au début de la séance du matin, une question préalable a été agitée. Devait-on procéder à une codification uniforme des principes de l'assistance et du sauvetage?

M. BENEDICT (États-Unis) a exposé qu'une codification était inutile, puisque sur beaucoup de points toutes les nations civilisées avaient déjà la même législation. Mais M. FRANCK et lord ALVERSTONE ont fait très justement remarquer que, si certaines législations étaient d'accord entre elles sur des points déterminés, il existait assez de divergences pour que le besoin d'une codification uniforme se fît réellement sentir. M. BENEDICT n'a pas insisté et le Congrès a abordé son ordre du jour.

Les questions que le Congrès devait étudier avaient été précisées ainsi par le programme : *Assistance, sauvetage et obligation de secours*. Le Congrès, à l'unanimité, décida qu'il convenait d'intervertir l'ordre des questions et de traiter d'abord celles qui concernaient l'obligation de secours, par le motif que la question d'obligation et de non-obligation dominait, par son importance et sa généralité, la matière de l'assistance tout entière.

Le débat s'est ouvert sur ce programme :

a. *Y a-t-il lieu d'obliger les deux navires entrés en collision à se porter secours?*

b. *Y a-t-il lieu de créer la même obligation de secours pour d'autres cas que l'abordage?*

c. *Dans quelles limites et à quelles conditions? Sous quelle distinction?*

A proprement parler, il n'y a point eu de discussion sur la première de ces questions.

On sait, en effet, que l'article 4 de la loi du 10 mars 1891 impose aux capitaines de navires entrés en collision, sous des peines sévères d'amende ou d'emprisonnement, l'obligation d'employer réciproquement tous les moyens dont ils disposent pour sauver les bâtiments en danger. Ils ne doivent pas s'éloigner du lieu du sinistre avant de s'être assurés qu'une plus longue assistance était inutile, les cas de force majeure naturellement exceptés. Cette disposition de la loi française se rencontre dans plusieurs législations étrangères, et elle répond à un tel sentiment de solidarité humaine et de nécessité sociale qu'elle n'a point trouvé de contradicteur au sein de la Conférence. A l'unanimité, les nations représentées en ont acclamé le principe.

La Conférence a donc adopté la résolution suivante :

Les navires, entrés en collision, sont légalement obligés à se porter secours, autant que les circonstances le permettent.

Les deuxième et troisième questions, qui à vrai dire n'en font qu'une, n'ont pas rencontré le même accueil. L'assemblée s'est trouvée profondément divisée, et la discussion s'est étendue avec une telle ampleur que la séance de la matinée tout entière y a été employée et qu'elle a même considérablement empiété sur celle de l'après-midi.

Aussi, avons-nous dû réunir ces deux séances dans une commune analyse. C'est à dessein que nous disons analyse; en effet, ce résumé n'a pas la prétention de remplacer le compte rendu sténographique qui sera publié ultérieurement par les soins du Comité international. La lecture du résumé des discours prononcés par les vingt orateurs qui ont pris la parole serait nécessairement fastidieuse, à cause de la répétition inévitable des principaux arguments. Il nous a paru préférable de retracer le débat dans ses lignes principales.

Tous les orateurs ont été d'accord pour proclamer l'existence de cette grande loi naturelle inscrite dans la conscience : que l'homme doit assister son semblable lorsque celui-ci se trouve en péril; mais la divergence s'est accusée quand il s'est agi de savoir si cette obligation naturelle devait être convertie en obligation légale, sous des sanctions pécuniaires ou pénales. Oui, ont dit les orateurs de l'affirmative[1], il n'est pas possible que la conférence aboutisse à ce résultat de faire naître un conflit entre le droit naturel et le droit positif.

Qu'est-ce que la mer? C'est le domaine commun de tous les peuples; elle est une et n'appartient à personne. Dans ces étendues immenses naviguent, séparés par de longs espaces, des navires de nationalités différentes, mais exposés les uns et les autres aux mêmes dangers. La raison admettra-t-elle que l'homme puisse s'éloigner impassible de la détresse qui le sollicite et l'appelle? Qui sait? Le secours demandé, c'était peut-être l'unique espoir de salut pour les malheureux dont la tempête avait désemparé le navire et qui contemplaient avec angoisse l'horizon où naissait l'ouragan prochain. Le secours est là, et sera-t-il permis à un être humain de le refuser, sans qu'il soit exposé à quelque responsabilité, pécuniaire ou pénale? Sans doute, quand le péril est né sur la terre, dans l'enceinte d'un pays où se trouvent une police et d'autres hommes, on comprend que le législateur n'ait pas fait de l'assistance une obligation légale. Mais peut-on comparer cette situation avec celle du navigateur perdu sur l'Océan?

A un état de choses exceptionnel, il convient d'apporter un remède exceptionnel, aussi ne nie-t-on pas que l'assistance prêtée au navire en détresse soit de nature à causer un préjudice matériel au navire assistant; mais cette considération est faible en comparaison du devoir qui s'impose à l'homme vis-à-vis de son semblable. Le Droit maritime ne présente-t-il pas déjà de ces anomalies, lorsque, par exemple, il permet à l'armateur de se libérer par l'abandon.

Les partisans de l'affirmative sont non seulement dans la vérité de la conscience, mais aussi dans la vérité des conceptions juridiques. C'est en vain que l'on invoque les difficultés que le juge pourra rencontrer pour apprécier sainement la situation créée par le péril à celui qui demande l'assistance et,

---

[1] Ont parlé dans le sens de l'affirmative : MM. DE VALROGEN (France); JITTA (Hollande); Edmond PICARD (Belgique); MOREL-SPIENS (France); ASCOLI (Italie); BAUSS (Belgique): HINDEXBURG (Danemark); GOVARE, ROY DE CLOTTE (France); VAN PEBORGH (Belgique).

par des circonstances spéciales, à celui qui a cru devoir la refuser. Ces difficultés ne sont pas d'un autre ordre que celles que le juge est tenu, chaque
jour, de résoudre. Ce n'est, après tout, qu'une question de preuves et le doute
profitera nécessairement à celui qu'on accusera d'inhumanité.

Le navire requis doit donc répondre à l'appel qui lui est fait, et, s'il ne le
fait pas, il commet une infraction que la loi doit réprimer.

La morale d'un côté, la loi et le droit de l'autre : le problème est grave,
mais l'hésitation n'est pas permise, et il faut que le devoir d'humanité
devienne, pour ceux qui le méconnaissent, un devoir légal. Que sont les
questions d'argent, naissant du retard imposé à l'assistant, auprès de la
satisfaction de sauver des vies humaines?

Nous rendons un hommage mérité, ont répondu les partisans de la négative [1], au sentiment généreux qui anime les défenseurs de l'opinion contraire
à celle que nous soutenons, mais il faut prendre garde aux nécessités pra-
tiques que ce sentiment peut faire oublier. Vous voulez imposer au capitaine
qui passe l'obligation légale d'arrêter sa marche, d'abandonner sa route et de
naviguer vers celui qui l'appelle, afin de lui porter secours. Vous le punirez
s'il ne l'a pas fait. Mais ce capitaine n'a-t-il pas lui-même des périls à redouter
s'il ne continue pas à suivre la voie dans laquelle il est engagé? Peut-être
prévoit-il la tempête? peut-être craint-il que la prolongation du voyage ne soit
la cause de quelque accident dans sa machine; lui aussi a des vies humaines
à sauvegarder; il en a pris la charge, et il a promis de les faire arriver à bon
port. L'assistance au navire en détresse ne créera-t-elle pas des dangers nou-
veaux à son propre bâtiment, à sa cargaison, à son équipage, et, sous prétexte
de remplir son devoir, le capitaine ne va-t-il pas compromettre la fortune et
les existences qui lui ont été confiées? Il faudra donc, si l'obligation légale
existe, qu'il se fasse le juge de cette situation complexe. Dans quelles anxiétés
ne le plongez-vous pas? Ne sera-t-il pas gravement coupable envers les siens
si l'assistance qu'il va donner à des tiers compromet son propre navire;
accusé par la société s'il s'expose, selon la forte expression du poète : *Propter
vitam vivendi perdere causas?* Quant au juge chargé d'apprécier sa conduite,
comment osera-t-il jamais substituer son appréciation à celle du capitaine
traduit devant lui? D'après quels témoignages, le plus souvent contradictoires,
n'aurait-il pas à rechercher la vérité et à reconstituer les multiples circonstances qui ont dicté la conduite du capitaine et inspiré sa résolution? Vous
aboutissez nécessairement ou à un jugement incertain ou à un acquittement
inévitable.

Laissons les choses comme elles sont; l'homme ne s'inspire pas seulement
de sentiments égoïstes ou cupides; il y a dans le fond de son cœur une générosité naturelle qui sait lui imposer le sacrifice et qui lui commande d'avoir
pitié de son semblable en détresse; mais ne transformons pas en une loi
positive ce qui doit être simplement l'effet d'une générosité spontanée.

Telles furent les principales raisons invoquées de part et d'autre. Naturellement, nous ne donnons ici que l'écho très affaibli de la discussion si

---

[1] Les orateurs de la négative ont été : MM. AUTRAN (France); ANGIER (Angleterre); RAHUSEN
(Pays-Bas); BENEDICT (États-Unis); MUSNIER (France); SIEVEKING (Allemagne); MÆTERLINCK
(Belgique); SPÉE (Belgique); DUPRAT (France).

élevée au point de vue philosophique et juridique à laquelle ont pris part les divers orateurs du Congrès. La sténographie suppléera à notre insuffisance.

La question mise aux voix était la suivante :

Y a-t-il lieu de créer une obligation légale de secours pour d'autres cas que l'abordage?

Ont voté pour :

La France, 9 voix contre 8 ;
La Belgique, 7 voix contre 3 ;
L'Italie, le Japon, à l'unanimité.

Ont voté contre :

L'Allemagne et l'Angleterre à l'unanimité, les États-Unis, la Hollande et la Suède.

Le Danemark ne figure pas dans le vote; les deux membres qui le représentaient ayant eu chacun une opinion différente.

Par 5 voix contre 4 des nations représentées au Congrès, la négative a été adoptée.

La Conférence, après une discussion à laquelle prirent part M. MARTIN (Allemagne), M. RAHUSEN (Pays-Bas), lord ALVERSTONE (Angleterre), M. SIEVEKING (Allemagne), M. BENEDICT (États-Unis), M. Francesco BERLINGIERI (Italie) et M. DE VALROGER (France), adopta la résolution suivante :

Il n'y a pas lieu de distinguer législativement le sauvetage de l'assistance.

La pensée qui a dominé dans les discours des orateurs indiqués plus haut a été la suivante : les différences entre l'assistance et le sauvetage reposent sur des éléments parfois très complexes et d'une appréciation délicate; dans certaines législations, l'assistance est toujours moins rémunérée que le sauvetage, alors qu'elle présente souvent les mêmes difficultés; il est infiniment plus simple et plus pratique de ne point faire de définition; il arrive d'ailleurs fréquemment que l'assistance dégénère en sauvetage, et réciproquement. Le juge saisi d'une difficulté de ce genre statuera donc selon les lumières de sa conscience et de son expérience, avec d'autant plus de facilité qu'il ne sera point emprisonné dans les limites d'une définition légale nécessairement incomplète.

Le Congrès posa ensuite, en principe, la règle que le droit à une rémunération existe au profit de l'assistant, que cette assistance soit facultative ou obligatoire.

La rémunération cesse-t-elle d'être due si l'opération n'a pas réussi?

M. FROMAGEOT (France) développa cette pensée qu'alors même que l'opération d'assistance ne produirait pas un effet utile, définitif, il convenait, pour ne pas décourager les sauveteurs, de décider que tout résultat utile quelconque obtenu par l'effort du sauveteur lui assurerait tout au moins le remboursement de ses dépenses. M. SIMONSEN (Danemark) ne partagea pas cette opinion : «Si vous supprimez, dit-il, les risques et l'*alea* du sauvetage, pourquoi accorderiez-vous, en cas de succès, une rémunération particulièrement élevée? »

M. Dahlstrom (Allemagne), directeur d'une des plus puissantes compagnies de sauvetage du monde, n'accepta pas non plus la thèse de M. Fromageot. Il dit que, d'après lui, « le principe véritable doit être que là où il n'y a pas eu de réussite il n'y a pas lieu à indemnité » [1].

Le Congrès a adopté cette résolution :

La rémunération n'est pas due si le service rendu reste sans résultat utile.

On aborde ensuite la question suivante :

La rémunération cesse-t-elle d'être due si le secours est prêté par le remorqueur, le pilote ou l'équipage du navire en péril ?

La question fut divisée. M. Berlingieri (Italie) pensait que la rémunération n'est due au remorqueur que s'il a rendu un service tout à fait extraordinaire et en dehors du contrat de remorquage.

Le Congrès a adopté sur cette question l'article 15 du projet de loi rédigé par M. Govare en vue de la Conférence. Cet article est conçu dans le même esprit que les observations de M. Berlingieri.

En ce qui concerne l'assistance prêtée par le pilote, M. Benedict assimilait volontiers cette situation à celle du remorqueur.

M. Fromageot fit remarquer que le pilote n'est pas lié envers le navire de la même façon que l'équipage; que, tenu par son contrat de faire entrer le navire dans tel ou tel port, il doit remplir sa mission jusqu'au bout, quelles que soient les circonstances exceptionnelles qui peuvent se présenter.

Le Congrès a donné son approbation à la thèse de M. Fromageot et appliqué la même solution à l'équipage.

La rémunération cesse-t-elle d'être due si le secours est prêté par un navire appartenant au même propriétaire que le navire en péril?

D'après M. Hasser (Hollande), il y a une singularité apparente dans la situation de droit créée par la réclamation d'un armateur qui demande une indemnité pour l'assistance prêtée à l'un de ses propres navires et il a indiqué que la jurisprudence néerlandaise, pénétrée du droit de l'armateur, a tourné la difficulté de procédure en accordant au capitaine du navire assistant une action en justice.

M. Denisse (France) a expliqué qu'en réalité la réclamation de l'armateur s'adresse à l'assureur du navire assisté et que cet assureur a le droit de répondre à son assuré que, le contrat d'assurance n'étant jamais un contrat d'indemnité, l'assuré ne peut réclamer non une rémunération, mais seulement le remboursement de ses dépenses.

[1] C'est la formule anglaise de certains contrats de *salvage* : *No cure, no pay.*

M. DE GRANDMAISON (France), se séparant tout à la fois de M. Asser et de M. Denisse, a expliqué qu'il ne peut être question, dans la circonstance, ni de propriété commune, ni du contrat d'assurance. La solution vraie repose sur cette idée admise en droit maritime : que chacun des navires appartenant au même armateur forme un patrimoine juridique entièrement distinct, une sorte d'être moral spécial et séparé des autres navires appartenant au même armateur. Il n'y a donc pas de raison pour que le navire A., qui a secouru le navire B., n'obtienne pas des intéressés sur ce navire, assureurs, réclamateurs, etc., la rémunération légitime qui serait due à tout autre navire.

M. SIEVEKING (Allemagne) indique que, sur ce point, les jurisprudences anglaise et allemande diffèrent : l'une admet la rémunération, l'autre la repousse. « Et cependant, dit M. Sieveking, n'est-il pas de la plus élémentaire justice que les assureurs du navire assisté ne s'enrichissent pas par le fait de cette circonstance tout à fait exceptionnelle que le navire qui a sauvé l'intérêt assuré appartient au même propriétaire? En décider autrement, ce serait aller contre l'équité. » M. RAHUSEN (Hollande) donne son appui à cette opinion.

Le Congrès a adopté la proposition suivante, présentée par MM. Sieveking et de Grandmaison :

La rémunération ne cesse pas d'être due quand le secours est prêté par un navire appartenant au même propriétaire que le navire assisté [1].

SÉANCE DU 3 OCTOBRE [2]

(MATIN).

La rémunération cesse-t-elle d'être due si le secours est prêté par une personne qui a imposé ses services?

Qu'est-ce que « imposer ses services »?

M. FRANCK (Belgique) explique qu'il s'agit d'une assistance opérée malgré la défense du capitaine.

M. BERLINGIERI (Italie) voudrait que le sauveteur qui impose ses services ne reçût aucune rémunération, excepté dans le cas où l'opposition du capitaine ne serait pas justifiée.

M. MARTIN (Allemagne) estime qu'il serait dangereux de porter une atteinte quelconque à l'autorité du capitaine qui doit être le seul juge de la situation.

[1] Les Associations étrangères avaient, ainsi que l'Association française, conclu unanimement dans le sens de cette solution.

[2] Cette séance a été nécessairement courte, M. le Président de la République ayant bien voulu recevoir, dans la matinée, les membres du Congrès, ainsi que nous le relatons plus loin.

MM. Rahusen (Pays-Bas), Gottheil (Italie), Angier (Angleterre) et de Grandmaison (France) se prononcent dans le même sens.

La Conférence adopte la proposition suivante :

*Les personnes qui ont coopéré au secours sont déchues de tout droit à une rémuné-
ration si elles ont imposé leurs services.*

*Y a-t-il lieu d'autoriser le juge à allouer au sauveteur une quotité déterminée de la
valeur des objets sauvés* [1] ?

M. Jitta (Pays-Bas) voudrait que les bases de la rémunération soient indi-
quées par le législateur, mais non à titre limitatif. Le juge s'inspirerait des
circonstances.

La Conférence adopte la proposition suivante :

*La rémunération doit être fixée en prenant principalement comme base : en premier
lieu les efforts, le mérite et le succès de ceux qui ont prêté secours ; en second lieu, les
dangers courus par le navire secouru ; en troisième lieu, la valeur des choses sauvées,
frais déduits.*

*La rémunération est due par les choses sauvées. L'est-elle également par les per-
sonnes ?*

M. Bensa (Italie) voudrait que le droit à la rémunération fût applicable à
la vie humaine sauvée.

M. Dekkers (Belgique) trouve qu'il serait bien difficile de taxer la valeur
des vies humaines, excepté quand le sauvetage porterait sur des émigrants,
parce que, en ce cas, il y a un contrat pécuniaire dont il est possible de déterminer la portée.

M. van Peborgh (Belgique) pense que le sauvetage des personnes ne com-
porte pas d'appréciation en argent. Il n'y a, devant le péril, ni riche ni
pauvre. L'assistance, en ce cas, est une simple question d'humanité.

M. Franck (Belgique) reprend la thèse du précédent orateur.
Est-il admissible qu'un sauveteur arrête les bagages des personnes sauvées,
les retienne elles-mêmes comme gage de l'indemnité ? Et les marins qui, eux,
ne peuvent rien payer, qu'en fera-t-on ?... Mais il peut arriver qu'un navire
de passagers se trouvant en péril, un vapeur qui passe se charge des passagers
et laisse à un autre le soin de sauver le navire ? En ce cas, conformément à
la jurisprudence des cours d'amirauté anglaises, n'est-il pas juste que la
rémunération due soit partagée par les deux sauveteurs ?

M. Le Jeune (Belgique), tout en protestant contre l'idée que le sauvetage
des personnes puisse donner lieu à de vils calculs d'intérêt, voudrait que le
sauveteur reçût au moins le remboursement de ses frais et dépenses.

---

[1] On sait que tel est le système de l'ordonnance de 1681, encore en vigueur sur ce point,
quand il s'agit de sauvetage. L'ordonnance n'a pas statué sur le cas de simple assistance.

Le Congrès adopte la résolution suivante :

Il n'est pas alloué d'indemnité pour le sauvetage des personnes, mais les sauveteurs de vies humaines ont le droit de participer à la rémunération allouée pour le sauvetage des choses. En aucun cas, le juge ne doit être autorisé à allouer une quotité déterminée des choses sauvées [1].

SÉANCE DU 3 OCTOBRE

(APRÈS-MIDI).

Y a-t-il lieu à répartir la rémunération du sauvetage entre les propriétaires, le capitaine, les officiers et l'équipage? Dans quelles proportions?

M. DE GRANDMAISON (France) soulève alors une question fort intéressante qui peut se résumer ainsi : lorsque dans l'opération de sauvetage la cargaison du navire sauveteur aura souffert un dommage, pourra-t-elle faire entrer en ligne de compte de la somme à payer l'indemnité représentative de son préjudice?

«Ce dommage, dit M. de Grandmaison, peut être non seulement matériel, mais encore résulter de ce que, par suite du retard dans l'arrivée du navire sauveteur, le cours de la marchandise aura baissé ou qu'un droit de douane nouveau aura pesé sur elle.» L'orateur propose en conséquence d'ajouter à l'énumération qui se trouve dans la question posée les mots «et, s'il y a lieu, la cargaison du navire assistant». — «Le juge, dit-il, appréciera si elle a le droit, et dans quelle mesure, de prendre part à la répartition.»

M. FRANCK (Belgique) ne partage pas l'opinion du préopinant, le risque de perte de temps en mer, tout au moins par fortune de mer, étant un risque maritime pour lequel dans aucune jurisprudence on ne donne aucun recours. La question, d'ailleurs, n'a pas été examinée au sein des associations et n'est même pas mûre pour une solution.

M. DE GRANDMAISON cite le cas du *Picton* qui a été condamné à 60,000 francs de dommages-intérêts envers sa cargaison, pour avoir opéré un sauvetage que l'arrêt a estimé n'avoir pas été rendu nécessaire par un péril impérieux. «Les cargaisons, ajoute l'orateur, peuvent donc éprouver un grand préjudice par le fait d'un sauvetage. Pourquoi ne pas leur accorder le droit de prendre leur part dans l'indemnité accordée?»

M. GOVARE (France) combat cette thèse : il croit que le seul moyen pratique pour la cargaison d'obtenir une indemnité est d'intervenir dans le débat engagé et de réclamer cette indemnité de son chef.

---

[1] Il a été expliqué, au cours de la séance suivante, que le principe posé en tête de cette résolution n'excluait pas le remboursement des frais exposés par le sauveteur de vies humaines, conformément à une opinion dont M. Le Jeune s'était fait l'interprète.

M. Lacoste (France) ne croit pas non plus que la cargaison puisse réclamer une part de l'indemnité allouée au sauveteur; mais il admet que celle-ci exerce une action séparée.

M. Picard (Belgique) estime que cette action séparée n'a pas de raison d'être, parce qu'en droit maritime le capitaine représente la généralité des intéressés à l'expédition nautique et qu'il peut et doit, par conséquent, formuler les réclamations qui concernent la cargaison.

M. le président Lyon-Caen, constatant que cette question est neuve dans les préoccupations du Congrès et qu'elle mérite un examen approfondi, propose de la laisser en suspens, ce qui est décidé.

La Conférence s'occupe ensuite de la question classique de savoir qu'elle est la valeur juridique du contrat d'assistance conclu en présence du péril.

Tout le monde est d'accord sur ce point : qu'un pareil contrat ne s'impose ni aux parties ni aux juges; mais la discussion porte sur cette divergence qui n'est pas purement nominale et théorique : le contrat est-il nul de plein droit ou est-il simplement annulable?

M. Franck (Belgique) explique que tous les contrats d'assistance faits par le capitaine, même dans un port, doivent être susceptibles de revision, sans que le juge puisse se trouver lié, même par des clauses d'arbitrage confiées à des personnes déterminées, et il propose la résolution suivante : « Tout contrat fait en présence du péril par ceux qui s'y trouvent exposés, en vue de fixer la rémunération, peut être modifié par le juge. »

M. Lecouturier (France) se rallie à la jurisprudence anglaise qui décide que le contrat est essentiellement revisable.

M. Roy de Clotte (France) propose qu'à la rédaction de la proposition de M. Franck on ajoute : « soit modifié dans son effet », afin de montrer que le pouvoir du juge s'exercera sur tout ce qui concerne les résultats du contrat.

M. Lacoste (France) voudrait qu'au mot « péril » on substituât « en cours de voyage ».

Il fait observer que la situation du capitaine traitant à terre ne devrait pas être assimilée à celle du capitaine à bord du navire en péril.

Le Congrès adopte la rédaction suivante :

Tout contrat fait en présence du péril par ceux qui s'y trouvent exposés, en vue de fixer la rémunération, peut être modifié dans ses effets par le juge.

Le Congrès aborde ensuite une question qui se rattache à la matière de l'assistance en cas de collision et qui n'avait point été étudiée à son heure. Elle est fort importante. Certaines législations, celles des États-Unis et de l'Angleterre par exemple, admettent que le capitaine, qui, après la collision, ne reste pas sur le lieu du sinistre et s'en éloigne immédiatement sans se préoccuper de porter secours à l'autre navire, est de plein droit présumé en faute à propos de l'abordage.

M. Le Jeune (Belgique) s'élève avec énergie contre cette tendance : qu'au point de vue moral le capitaine qui s'enfuit soit blâmable, il n'y a pas de doute ; mais il n'en résulte pas nécessairement que la responsabilité de l'abordage repose sur lui. La présomption qu'il a commis une faute est purement théorique ; elle constitue un véritable abus de raisonnement, elle est mauvaise et ne peut être maintenue.

M. Miller et sir John Glover (Angleterre) expliquent que dans la législation anglaise cette présomption existe bien, mais qu'en fait elle n'est jamais appliquée.

M. Franck (Belgique) s'empare de cette circonstance pour montrer combien une telle présomption est inique, puisque les juges l'écartent et se décident exclusivement d'après les événements matériels du sinistre.

M. Germain Spée (Belgique), étendant la question, voudrait que l'infraction à l'obligation de stationner fût sanctionnée par une pénalité et que le capitaine fût tenu de payer le dommage résultant de ce qu'il n'a pas porté secours à l'autre navire.

A la suite de cette discussion, le Congrès adopte la résolution suivante :

1° L'obligation de porter secours en cas d'abordage ne doit pas être sanctionnée par une présomption de faute ;

2° Il appartient aux lois pénales de déterminer les peines applicables aux contrevenants ;

3° L'armateur n'est pas civilement responsable du capitaine à raison de ces contraventions.

Cette résolution a terminé l'examen et la discussion des matières portées au programme ; l'œuvre du Congrès est achevée. Ses résultats sont des plus importants. Toute la matière de l'assistance et du sauvetage a été envisagée sous ses faces diverses, et il est permis de dire que les solutions adoptées sont inspirées des grandes règles de justice et d'humanité qui gouvernent les pays civilisés. Ce Congrès de 1900 continue donc avec honneur les traditions des Congrès de Bruxelles, d'Anvers et de Londres, et, dans son allocution d'adieu, M. le président Lyon-Caen a pu rendre un hommage mérité au zèle et au talent déployés dans la discussion.

Avant de se séparer, le Congrès a nommé une Commission de six membres chargée de présenter à la prochaine Conférence qui se tiendra à Hambourg, soit en 1901, soit en 1902, une codification des matières sur lesquelles se sont prononcés les Congrès précédents.

Les membres de cette Commission sont :

Lord Alverstone, MM. F. Sieveking, Le Jeune, Lyon-Caen, Louis Franck et Autran.

Le Congrès s'est séparé en votant à l'unanimité des remerciements à M. le président Lyon-Caen pour la direction éclairée et utile qu'il a su imprimer aux discussions, aux secrétaires généraux des associations, et en particulier

à MM. Franck et Autran qui avaient assumé et ont pu conduire à bonne fin
la lourde tâche de préparer le Congrès et de coordonner les questions et les
matériaux sur lesquels les débats ont porté.

Ainsi que nous l'avons indiqué plus haut, le mercredi 3 octobre, à
10 heures du matin, M. le Président de la République a fait aux membres du
Congrès l'honneur de les recevoir au palais de l'Élysée. Introduits dans la
salle du Jardin d'hiver et rangés par ordre alphabétique de pays, les divers
délégués étrangers et français ont été présentés individuellement à M. le Président par M. Lyon-Caen, assisté des secrétaires généraux du Congrès. M. le
Président a trouvé pour chacun les paroles les plus gracieuses et a affirmé
aux membres de la réunion quel vif intérêt il portait à leurs travaux d'un
ordre si élevé, si éminemment pacifique, et avec quelle sympathie il consta-
tait leurs efforts pour arriver à l'union des peuples fondée sur une estime
réciproque par l'unification des lois.

Le soir, l'Association française a offert un banquet aux délégués des Gouvernements et aux membres étrangers du Congrès. M. l'amiral Bienaimé, chef
d'état-major général, y représentait M. le Ministre de la Marine. M. de Valroger, vice-président de l'Association, a porté un toast au Président de la
République et aux souverains étrangers.

Une allusion à S. M. le Roi d'Italie, appelé à succéder à son père dans des
circonstances qui ont soulevé l'indignation du monde civilisé, a été particulièrement applaudie.

M. l'amiral Bienaimé a pris ensuite la parole pour exprimer avec quelle
attention le Département de la marine avait suivi les discussions du Congrès.

M. Le Jeune, vice-président du Comité maritime international, dans une
allocution pleine d'*humour*, a remercié l'Association française de son hospitalité,
et la série des toasts a été close par une éloquente improvisation de M. le
président Sieveking qui, s'inspirant de la médaille offerte aux membres du
Congrès par M. O. Marais, a bu au génie de la France et à la continuation
du rôle élevé que notre pays a joué dans le progrès de la civilisation. Il n'a
eu garde d'oublier les secrétaires généraux, et ceux-ci, après avoir été à la
peine, ont trouvé la meilleure récompense de leurs efforts dans l'accueil qui
a été fait aux paroles de M. le président Sieveking.